잊힌 꿈을 찾아서

K-poetry

샘문시선 **1050**

샘문뉴스 신춘문예 당선 기념시집
김기홍 시선집

서늘한 바람이 가볍게 물결치며 불어볼 때
어쩌면 너는 다시 눈길을 돌렸을지도 모른다
오직 나는 미래를 구상하고 싶어서인가?

그리고 너는 그 구상을
저 멀리 보이는 하늘의 구름과
흰 구름 아래 멀리 산 너머에서 찾으려는가?
〈이 층 창가의 사유, 일부 인용〉

떨리는 손으로 답을 쓰는
초조한 마음속에서
아스라하게 떠오르고 기억과
아쉬워 지기만 하는
그 문제들을
여기
꿈속에서 풀어봅니다
〈인생 시험기, 일부 인용〉

늘 다를 바 없는 하루 속에서
가슴 아픈 이야기들로 하루를 채워
빗속으로 떠내려 보내고
빈 마음에 자리할 기다림도 야속함도 지우렵니다

지금도 창밖에는
하염없이 비가 내리고
당신은 저 멀리 멀어져가고 있답니다
〈비는 내리고 그대는 떠나고, 일부 인용〉

님께
_____

년   월   일

드립니다.
_____

도서출판 샘문

샘문뉴스 신춘문예 당선 기념시집

시인을 꿈꾸던 소년의 글

잊힌 꿈을 찾아서

김기홍 서정시집

잊힌 꿈을 찾아서

흔들리는 화물차에서 눈을 뜨니 신작로 한쪽 공터에서 인부 몇 명이 장독, 책장, 책상 등 이삿짐을 내리고 있었다. 그곳 충북 영동군의 한 산골 마을이 내 유년 시절 및 초등학교(한 학년당 30여 명, 전교생이 약 200여 명) 2학년까지의 생활 터전이었다. 한 마을 건너에는 조부모님, 백모님이 계시는 큰댁이 있었다.

초등학교 2학년 말, 부친의 직장 이동에 따라 청주의 한 학교로 전학을 했다. 전교생 2,500명 이상 되는 큰 학교였다. 낯선 환경에도 불구하고 친구들도 바로 사귀고 곧, 적응했다.

4, 5학년이 되면서 친하게 지내던 몇 친구들이 서울로 전학을 가서 외톨이가 된 느낌이었으나 이사 간 친구들과 편지를 주고받으며 서울을 동경하게 되었고 계속 연락하니 일기에 쓸 내용이 많아졌으며, 그 일기는 중·고등학교, 대학 때까지 거의 매일 쓰게 됐다.

중학교 때부터는 학교 도서관에서 공부하며 그 시절 학생 종합 잡지인 〈학원〉을 접하게 되고 글쓰기에 재미를 느껴 문필가, 시인이 되겠다는 꿈을 갖게 되었다.

평일은 물론 일요일 공휴일에도 도서관에 들러 틈 날 때마다 문학 전집 등을 탐독하여 홀로 글을 쓰고 〈학원〉 잡지에 그 작품을 투고도 하였다. 투고한 시 작품

여는 글

중 뽑혀 발표되거나 입선 외 가작으로 뽑힌 작품이 꽤 있었다. 많은 독서량과 매일 쓰는 일기가 도움이 되었다고 생각한다.

고교 졸업 후 법정 계통의 대학 진학에 연이어 실패하고 현실에 밀려 상경계로 진로를 변경, 졸업 후 무역 부문에서 직장생활을 시작했으며 바쁜 직장생활 중에도 꿈의 실현을 위해 노력했지만, 그 시대 현실은 여가를 내고 취미 생활을 한다는 것이 용납되지 않아 현실에 적극, 적응하여 직장생활을 할 수밖에 없었다.

그러나 현실에 적극, 적응하여 성실하게 삶을 사는 것만이 잘사는 것이 아님을 뒤늦게 깨닫게 되고 늦었지만 어린 시절의 꿈을 돌아보고 그 시절(1963~1968) 꿈의 실현을 위해 비록 서툴지만 수많은 시간을 노력한 습작품들을 모아 시집을 꾸며서 세상에 내놓습니다.

도움을 주시고 지도편달을 해주신 샘문그룹 시인 이정록 교수님께 진심으로 머리 숙여 감사의 말씀을 드립니다.

끝으로 저를 응원해준 가족들에게 사랑한다는 말과 함께 고맙다는 말을 전하며 출간의 기쁨을 함께합니다. 친구, 지인들께도 감사의 말을 전합니다.

석강 **김 기 홍**

꿈을 찾고 꿈을 팔아서 떠나는 시인의 여정

- 강소이(시인, 수필가, 문학평론가)

1. 머리말

김기홍 시인의 시집 「잊힌 꿈을 찾아서」의 평설을 쓰기 위해 원고를 읽는 내내 보들레르와 랭보의 시가 생각났다. 어렵지 않은 쉬운 시어를 구사하면서도 놀라운 표현력에 놀라지 않을 수 없었다. 잔잔한 서정이 조용하게 흐르는 서정성을 발견하면서, "시를 잘 쓰는 시인이구나. 시가 참 좋다"라는 감탄이 느껴져서 시집을 읽는 내내 마음에 기쁨이 넘쳤다. 이 시집은 봄 여름 가을 겨울로 네 계절이 바뀌는 순서에 따라 시집이 구성되어 있다. 꽃 피는 봄의 정서와 5월에 대한 서정과 사유가 눈에 띄었다. 그리고 초여름과 여름, 가을비 - 비에 대한 서정도 남달랐다. 낙엽 지는 가을에 대한 사유에는 인생철학과 달관의 경지가 느껴졌다. 눈 덮인 겨울에 대한 시가 여러 편 실려있는데, 눈의 이미지와 겨울, 인생, 철학의 연결이 놀라웠다. 시 전편에 흐르는 서정과 이미지의 잔치를 볼 수 있었고, 무엇보다 시집 전체에 절절한 그리움의 정서가 흐르고 있다.

2. 시편 들여다보기

김기홍 시인의 「잊힌 꿈을 찾아서」의 내용은 크게 네 가지로 나눌 수 있다.
1) 봄에 대한 서정과 사유 - 소생과 재생의 이미지를 중심으로

> 평 설

2) 여름에 대한 서정과 사유 - 비
3) 가을에 대한 서정과 사유 - 인생철학과 달관의 경지
4) 겨울에 대한 서정과 사유 - 눈 덮인 겨울에 대한 단상

(1) 진달래꽃과 두견새에 대한 남다른 통찰

봄을 노래한 시 중에서 특히 〈참꽃의 핏빛 연가〉, 〈진달래꽃〉, 〈오월의 수채화〉, 〈푸른 오월의 자화상〉이 돋보인다. 겨울은 만물이 얼어있는 동결(凍結)과 동면(冬眠)의 계절이다. 그런 겨울을 이겨내고, 만물이 소생하는 봄이 찾아온다. 김기홍 시인이 봄을 소재로 쓴 여러 편의 시에는 봄의 정서 - 소생과 재생 그리고 진달래꽃과 두견새에 대한 남다른 통찰이 들어있다. 우선 5월에 대한 시부터 살펴보자.

오월 어느 날 오후
푸르고 높은 하늘
태양 아래 그림도 그린다

  - 중략 -

어느덧 하얀 도화지 위에
푸르게 번져가는
오월의 하늘
먼, 바다

겨울 면 같은
수면에 비친
푸른 잔디 위의
나,

          - 〈오월의 수채화〉 일부

위의 시를 보면, "오월 수채화" 제목답게 오월의 이미

지를 수채화로 그림 그리듯이 그려내고 있다. "푸르고 높은 하늘/…. 푸른 호수 위에 비친/ 푸른 잔디와/ 잔디 위의 나,/ … 푸른 들과 흐르는 물/ … 하얀 도화지 위에/ 푸르게 번져가는/ 오월의 하늘/ 먼, 바다/ … 푸른 잔디 위의/ 나"의 표현에서 보면 푸른색 이미지와 하얀색 이미지가 자주 나온다.

시각적 이미지로 5월의 녹음을 묘사하고 있다. 〈푸른 오월의 자화상〉도 마찬가지다. "푸르고 높은/ 파란 하늘/ 파아란 슬픔/ 하얀 도화지/ 파아란 하늘/ 파아란 호수/ 짙푸르게 덧칠해진/ 자화상 도화지"라고 했다. 김기홍 시인은 봄의 한 가운데 있는 5월의 녹음에 가슴이 벅차올랐나 보다. 봄이 무르익어가는 5월을 푸른색과 하얀색 이미지로 수채화처럼 그려내고 있으니 말이다.

물이 오른 "푸른 들과 흐르는 물"이 이 시의 핵심이라고 할 수 있다. 얼어붙은 땅, 꽁꽁 얼어붙은 강물이 아니다. 만물이 소생하여 온 들판이 푸른색으로 채색을 했고, 냇물과 강물은 흐른다. 자연의 흐름과 소생 – 순환이다. 멈추어 있는 것은 죽음. 종말이다. 그러나 생명은 곧 흐름이다. 혈액 순환이 원활한 생물은 생생하고 건강하다. 온 몸에 피가 잘 흐른다. 왕성한 생명력이다. 들판의 푸른 풀들과 흐르는 물 – 생생하게 자연의 맥박이 뛰고 있다. 이것을 김기홍 시인은 투시하고 있다.

프랑스의 시인 랭보가 추구하던 시인의 모습은 투시자다. 진정한 현실성과 접촉할 수 있는 기능들을 머릿속에서 깨어나게 할 수 있는 사람이 곧 시인이다. 현실과의 모습 너머에 숨겨진 다른 모습을 투시하는 게 시인의 시선이다.

> 평 설

　랭보가 말한 대로 김기홍 시인은 5월의 들판과 물의 흐름을 노래하면서 "흐름"을 투시하고 있다. 흐름은 곧 생명의 소생과 순환 곧 원활한 박동을 의미한다. 더불어 위의 시를 읽으면서 랭보의 Sensation 시가 연상된다. "여름날 푸른 저녁 나는 들길을 걸어가리라/ 밀잎에 찔리고 잔풀을 밟으며/ 몽상가가 되어 발끝으로 신선함을 느끼며/ 바람에 내 맨머리를 감기 우리라// 아무 말도하지 않고, 아무 생각도 하지 않고/ 하지만, 끝없는 사람만이 내 영혼에서 솟아나리라/ 나는 멀리멀리 가리라 보헤미안처럼/ 여인과 함께 가듯 행복하게. 자연 속으로" 랭보의 시를 연상하게 하는 김기홍 시인의 시는 〈잔디에 누워〉도 있다.

　멀리, 하늘 아래 산 위에 걸친 흰 구름
　하늘은 마냥 푸르르다!

　푸른 잔디에 누워 바라보는 하늘,
　솔바람이 얼굴을 간지럽힌다!

　흰 구름에 겹쳐 보이는
　뽀얀 얼굴

　　　　　　　　　　- 〈잔디에 누워〉 일부

　「잊힌 꿈을 찾아서」 시집에서 〈진달래꽃〉과 〈참꽃의 핏빛 연가〉는 매우 강렬한 인상을 주는 시다. 진달래꽃을 흔히 봄의 전령사라고 부른다. 만물이 얼어있던 추운 겨울이 지나고 만물이 소생하는 봄이 온 것을 알아차리게 하는 진달래꽃 몽우리. 몽우리가 벌면 화사하게 진분홍 꽃이 온 산을 덮는다.
　어여쁜 꽃 잔치가 흐드러지게 열린다. 그런데 김기홍 시인은 진달래꽃을 "참꽃"이라고 했고, 꽃이 만개한 것을 "핏빛 연가"라고 시제詩題를 정했다. 진분홍빛 꽃을 어째서 핏빛이라는 전투적인 낱말로 표현했을까? 충격적이지 않을 수 없다.

겨우내 쌓였던 눈은 녹아내리고
스치던 바람도 멎었습니다

두견새 울음소리가 들리고
모르는 사이 새싹은 구슬픈 소리를 듣고
두터운 피륙을 들쑤시고 봉오리가 터졌습니다

목청이 트인 두견은
밤을 지새우며 울어서
토하는 피, 진달래꽃을 피웠습니다

이제 밤을 지새우며 울던
두견도 가버리고
진달래의 핏빛 노래도 그쳤습니다

그 후로 두견의 혼을 부르며
외로이 외로이
유곡에 서럽게 피어 있습니다

- 〈참꽃의 핏빛 연가〉 全文

"목청이 트인 두견은/ 밤을 지새우며 울어서/ 토하는 피, 진달래꽃을 피웠습니다" 진달래꽃이 핏빛인 이유가 여기가 있다. 두견이 피를 토해 물들인 꽃이기 때문이다. 촉나라의 두우杜宇 왕은 나라를 빼앗기고 원통하여 울다가 죽어 두견새가 되었다는 민담民譚이 전해져 내려오고 있다. 두견새는 밤새도록 목에서 피가 나도록 울어댄다. 두견새의 피가 진달래꽃에 물들어 핏빛이 난다는 설화(說話)다. 과학적으로는 증명할 수 없는 일이지만, 사람들 사이에 전해져 내려오는 민담이니 민담은 민담으로 이해하면 그만인 것이다. 해서 진달래꽃을 두견화라고 부르기도 하고,

평 설

영산홍에 비해 참된 꽃이라는 뜻으로 참꽃이라고도 한다.

이 시의 서두는 "겨우내 쌓였던 눈은 녹아내리고/ 스치던 바람도 멎었습니다"로 시작한다. 그리고 "그 후로 두견의 혼을 부르며/ 외로이 외로이/ 유곡에 서럽게 피어 있습니다"라고 했다. 진달래꽃이 계곡에 외로이 외로이 서럽게 피어 있다고 본 화자는 무엇을 소환하고 싶었던 것일까? 재생의 봄에 온산에 화사하게 피어 있는 분홍빛 축제를 "기쁨"의 정서로 보지 않은 까닭이 무엇일까? 사계절 중에 봄을 인간의 일생으로 환치하여 본다면, 봄은 탄생과 시작의 상징이다. 그런데 탄생과 시작의 봄꽃인 진달래를 "외로이" "서럽게"라는 정서로 환치한 이유가 무엇일까? 우리 역사에 있어서 잃어버렸던 것들의 재구 또는 기억의 재현, 혹은 분단 시대, 4월 혁명 등을 환치하여 "진달래꽃"으로 소환한 것은 아닐까 생각해 본다. 연애를 연상시키는 분홍빛 진달래를 "핏빛"이라는 전투적인 이미지로 환기시킨 것은, 이 땅에서 일어났던 아픈 역사에 대한 기억의 장치 내지 아픈 기억을 씻김굿 하는 심정은 아니었을까 생각해 본다.

"꼬가비"라는 말이 있다. "꽃 갚음"이라는 뜻이다. 총각으로 죽은 무덤이나 처녀로 죽은 이들의 무덤에 진달래꽃(참꽃)을 쌓아서 원혼을 달래준다는 설화다. 억울한 혼에게 진달래꽃으로 갚는다는 뜻이다. 이것이 참꽃의 의미망이다. 두견새가 피를 토해 물들였던 진달래꽃의 원천이기 때문이며 외롭고 서러운 정서를 투사한 것으로 보인다. 더 깊게 나아간다면, 김기홍 시인은 참꽃의 핏빛 이미지를 통해서 재생의 봄 – 융합의 시대, 비견과 화해의 재생을 꿈꾸고 있는 것은 아닐까, 생각해 본다. 범상하지 않은 소재와 화두를 던지는 시라고 하겠다.

(2) 이 시집에서 다룬 비의 이미지

「잊힌 꿈을 찾아서」 시집에는 비를 소재로 쓴 시들이 여러 편이다. 〈봄비로 오시는 님〉, 〈비 갠 후〉, 〈소나기의 일성〉, 〈비는 내리고 그대는 떠나고〉에는 비가 내린다. 비가 내리면 일상생활이 좀 불편하고 성가시게 마련이다. 하지만, 촉촉하게 대지를 적시는 비를 보면서 우수에 젖기도 하고, 떠난 이를 그리워하기도 한다. 〈비 갠 후〉에서는 비가 갠 후에 "푸른 가지의 잎사귀는/ 더욱 싱싱해 보인다"라고 했다. 〈소나기의 일성〉에서는 "보슬비도 그쳤다/ 먼 하늘부터 햇빛이 비치고/ 하늘이 맑아지고 거리가 산뜻해 졌다"라고 했다. 비 온 후에 느낄 수 있는 일반적인 심상을 표현했다. 그러나 다음 표현은 일상적이라고 할 수 없는 김기홍 시인만의 독창적인 발상을 볼 수 있다.

외로움에 잠 못 이루는
깜깜한 새벽
창문 열고 보니 차가운 공기 속
조용히 찾아온 당신

손 내밀어 맞이해 보니
따뜻한 당신,

내 안의 차디찬 길고 긴 외로움에
따뜻한 모닥불 피워
외로움에 젖은 눈물 따뜻이 닦아주며
그리움을 찾아 방황하는 마음
따뜻한 손길로 보듬어 주셨지요

이제 환희 밝아오는 아침에
당신을 향한 나의 사랑은
뿌리 깊이 내린 나무가 되어
촉촉한 당신의 사랑
흠뻑 머금으렵니다

― 〈봄비로 오시는 님〉 전문

평 설

　이 시에서 화자는 외롭다고 했다. 외로워서 잠 못 이룬 다고 했다. 그런 화자에게 당신이 조용히 봄비가 되어 찾아온다. "손 내밀어 맞이해 보니, 따뜻한 당신"이다. 외로움에 젖은 눈물을 봄비가 닦아주며, 그리움을 찾아 방황하는 마음을 따뜻한 손길로 보듬어 준다고 했다. 사무치게 외로운 화자에게 찾아와서 따뜻한 위로를 주며, 방황하는 마음을 보듬어 준 봄비는 분명 화자에게 구원자다. 봄비의 촉촉한 사랑을 흠뻑 머금겠다고 했다. 이 시는 일반인들이 비에 대해서 가진 일반적인 정서와 사뭇 다르다.
　봄비가 따뜻한 위로가 되고, 방황하는 이의 방황하는 마음을 보듬어 줄 수 있다는 것이다. 봄비의 놀라운 위력이다.

　　오늘도 그날처럼 지루하고 하염없이
　　비가 내립니다
　　빗줄기 속에 떠올라 어른거리는 얼굴
　　그리워도 볼 수 없는 얼굴입니다

　　비 오는 날 우연히
　　나를 바라보던 당신의 모습에서
　　순수하기만 한 꽃을 보았는데
　　지금 빗줄기에 그대 꽃잎이 지고 있습니다

　　　- 중략 -

　　지금도 창밖에는
　　하염없이 비가 내리고
　　당신은 저 멀리 멀어져가고 있답니다

　　　　- 〈비는 내리고 그대는 떠나고〉 일부

　이 시는, 비 오는 날 떠난 이를 사무치게 그리워하는 그리움이 절절하게 그려진 연가戀歌다. "비 오는 날 우연히/ 나를 바라보던 당신의 모습에서/ 순수하기만 한 꽃을 보았는데/ 지금 빗줄기에 그대 꽃잎이 지고 있습니다"라고 했다. 사랑하는 연인을 꽃이라고 했다. 비가 오고 그대 꽃잎이 지고 있다고 했다. 빗줄기에 꽃잎이 지는 것을 보면서, "지금도 창밖에는/ 하염없이 비가 내리고/ 당신은 저 멀리 멀어져가고 있답니다"라고 했다. 꽃잎이 떨어지는 것을 보며, 꽃 즉 당신이 멀어져간다고 상상해 내는 상상력의 증폭을 보인다. 아련한 서정이 느껴지는 시다.

(3) 가을을 소재로 한 시도 여러 편이다.
 시 쓰기의 기법을 "말하기"와 "이미지 보여주기"로 양분兩分한다면, 김기홍 시인의 시는 대부분 "이미지 보여주기 기법"으로 쓰였다. 시에 조예가 깊고, 오랫동안 시 공부를 해 온 게 역력히 보인다.

 가을은 낙엽이 지는 조락凋落의 계절이다. 지는 낙엽을 보며 시인들은 슬픔과 절망을 말하지 않는다. 겨울 지나 다시 봄에 새싹으로 돋아날 자연의 순환을 본다. 시인의 시선은 일반인의 시선과 다르다. 남이 보지 못하는 것을 보고, 남이 듣지 못하는 것을 듣는 예민한 감수성을 갖고 있다. 〈순응하는 인생〉, 〈가을 나무의 비련〉, 〈가을 뜰에서 희망을 본다〉, 〈조엽의 슬픔〉, 〈가을녘 서정〉, 〈가을비는 내리고〉, 〈가을은 가고 추억은 내리고〉, 〈낙엽〉, 〈조락의 슬픔〉, 〈가을빛 사위는 호반〉, 〈사색의 뜰〉, 〈마지막 잎새〉는 모두 가을을 소재로 한 시들 중에 매우 돋보이는 시다. 한결같이 가을에 대한 사유와 철학이 있고, 달관과 순응의 경지를 보인다. 가을의 쓸쓸함을 이야기하는 듯하지만, 쓸쓸함은 쓸쓸함을 초극하고 있다.

평 설

나뭇잎은 소슬한 가을바람에
속절없이 떨어져 날려 나무와 이별하지만
서운해하지 않는다

잎새마다 새겨진 지난날의 애환을 보며
추억 속에 빠지거나 무엇을 남기기보다는
나무가 살아서 더 알찬 생을 잇기 위해

자연의 흐름인 세월에 맡기어
주어진 생을 살고 떠나는 나뭇잎의
진실한 뒷모습을 바라봅니다

- 〈순응하는 인생〉 일부

  이 시에서 알 수 있듯이 "나무가 살아서 더 알찬 생을 잇기 위해// 자연의 흐름인 세월에 맡기어/ 주어진 생을 살고 떠나는 나뭇잎의/ 진실한 뒷모습을 바라봅니다"라고 했다. 가을에 낙엽이 지는 것은 과학적인 근거로 말하면, 나무에 수분이 말라버리기 때문이다. 가을 찬 바람에 우수수 낙엽이 지는 것은 나뭇잎의 종말이 아니다. 낙엽되어 땅에 떨어졌다가 더 알찬 생을 잇기 위해" 다시 봄에 새 순으로 돋아난다. 죽음과 재생 - 원형(Archetype), 자연의 순환을 통찰하는 매우 훌륭한 시다. 이런 희망과 소생을 노래한 구절은 다음 시에서도 맥을 잇고 있다.

그는 빈 나무에 줄기와 뿌리에서
추운 겨울 지내려 잎사귀 떨군 가지에서
새봄에 물 올려 새 움을 틔우고
새싹이 파릇하게 피어날 희망을 품는다

- 〈가을 나무의 비련〉 일부

엉성히 엉클어진 줄기식물의 색 바랜 덤불,
나팔꽃 메꽃 덩굴장미 아이비,

줄기를 꺾고 걷어내며 푸르게 뻗어나가
내일의 희망을 품는다

- 〈가을 뜰에서 희망을 본다〉 일부

이제 추운 겨울을 지내고
생명이 움트는 다음 봄을 기약하고
서로 갈 길을 가야 합니다

- 〈조락의 슬픔〉 일부

(4) 잎이 지고 나서 나목이 된 나무에 대한 시들이다.
〈연민에 침묵하는 나목〉, 〈나목의 비련〉, 〈나무의 사계절〉, 〈함박눈〉은 겨울에 대한 사유를 그려낸 시편들이다. 〈연민에 침묵하는 나목〉, 〈나목의 비련〉, 〈나무의 사계절〉은 잎이 지고 나서 나목이 된 나무에 대한 시들이다.

〈연민에 침묵하는 나목〉에서 나목(裸木)은 "정령 외로운 새 한 마리/ 두견의 울음도 그치고/ 이제는 창가에 하늘을 우러러/ 서 있는 침묵"이라고 했다. 그러나 〈나목의 비련〉에서는 "그래도 발가벗은 알몸인 채/ 내일을 기다리는 저는 외롭지 않습니다"라고 했다.

"쌓이고 쌓인 슬픔이 풀리는 날/ 저는 미소 지으며 웃어 보일는지 모르겠습니다"라고 했다. 나목이 미소를 지으며 웃어 보일 수 있는 이유가 무엇일까? 〈나무의 사계절〉에서 겨울을 지나고 나온 봄의 새순으로의 재생再生과 소생蘇生하는 초록의 꿈을 희망으로 제시한다.

여기 꿈을 찾는 앙상한 가지에
잊혀진 나날들이 하나, 둘 떠오른다
물오르는 앙상한 가지에 어른거리는

평설

아지랑이 희망이 움트는 계절

　- 중략 -

잃어가는 꿈
앙상한 가지에 잊힌 사지의 초록의 꿈을 삼키며

　　- 〈나무의 사계절〉 일부

　겨울 나뭇가지를 "앙상한 가지에 잊힌 사지"라고 했다. 그러나 "잃어가는 꿈"과 "초록의 꿈을 삼키며"라는 표현으로 희망과 재생, 소생을 꿈꾼다. 가을에 나뭇가지에 낙엽이 지는 조락을 보면서 절망과 죽음 - 종말을 보지만, 겨울 나뭇가지의 앙상한 나목은 끝이 아니다. 다시 올봄에 새순으로 소생할 꿈을 지니고 있기에 초록의 꿈을 삼키며 봄을 기다리는 것이다.

　〈하얀 그리움〉, 〈함박눈〉, 〈첫정으로 오는 함박눈〉에서는 눈 덮인 순백의 겨울을 보면서 그대를 그리워한다. 여름에 내리는 비를 보면서, 사랑하는 님이 내리는 것을 연상했듯이 겨울눈이 내리는 것을 보면서, "당신이 내립니다"라고 연상해 낸다. 온 세상이 사랑하는 당신으로 덮였으니 "온 세상이 하얗게 순결하고 아름답습니다"로 형상화해낸다. 시인의 마음은 아름다움과 기쁨으로 벅차오를 것이다.

깃털처럼 솜털처럼
바람 타고 당신이 내립니다

참 고운 당신이 하얀 눈이 되어
온 세상에 내리면
당신으로 나무, 언덕, 바위, 산과 들

온 세상이 하얗게 순결하고 아름답습니다

- 〈함박눈〉 일부

3. 맺는말

  이 글의 서두에서도 언급했듯이, 이 시집은 계절에 따른 정서를 노래했다. 그런데 계절과 상관없이 삶에 대한 사유와 통찰을 그린 시들도 여러 편이다.

  봄에 대한 서정과 사유(소생과 재생의 이미지를 중심으로), 여름에 대한 서정과 사유(비를 중심으로), 가을에 대한 서정과 사유(인생철학과 달관의 경지), 겨울에 대한 서정과 사유(나목과 눈 덮인 겨울에 대한 단상)를 살펴보았다. 시인이 현실에 비관하거나 절망하는 모습을 거의 찾아볼 수 없었다. 빗속에서 떠난 님을 그리워하며, 봄비로 내리는 님과 눈으로 내리는 당신(님)을 연상해내며 세상을 순결하고 아름다운 곳으로 인식한다. 또한, 가을에 지는 낙엽과 겨울 나목을 보면서도 "푸른 꿈"을 희망한다. 재생과 소생을 꿈꾸며 나목을 보면서도 새봄에 돋을 새순을 투시하는 시인의 시선은 그래서 위대하다. 훌륭한 시집의 평설을 쓰게 되어 기쁜 마음이다.

축사

석강 김기홍 시인의
시집 출간을 축하하며

- 이재은(경기대 명예교수, 경제학박사, 전 경기대 부총장)

 석강 김기홍 형이 시집을 출간한다며 초고를 보내왔다. 중고등학교를 함께 다녔지만, 그 시절 시를 즐겼다는 것은 알지 못했다. 그럼에도 많은 시 편들을 공책에 기록으로 남겨 두었다가 이제 희수(77세)를 바라보며 한 권의 시집으로 정리할 생각을 했다니 놀라웠다. 그것은 돌아갈 수 없는 '청춘'에 대한 연민일 수도 있고, 어릴 적 가졌던 문필가 시인의 꿈을 놓고 싶지 않은 삶의 열정일 수도 있다. 어느 쪽이든 축하할 일이다. 이젠 시인으로 부르겠소.

 우리는 한국전쟁 직전에 태어나 굴곡진 현대사의 물줄기를 따라 꿈을 꾸기도 했고, 꿈을 포기하거나 미루어야 했던 세대였다. 가난으로 학업 대신 생업의 장으로 내몰리기도 했던, 온전히 하나의 꿈을 추구하기엔 어려움이 많았던 세대이다. 초등학교 선생님의 6남매 중 셋째였던 시인도 마음껏 꿈을 꾸기에는 여유롭지 않았을 것이다. 청춘은 문학에 심취하여 한 번쯤 문필가나 시인을 꿈꾸는 시절이다. '학원'은 당시 청소년들에게 꿈을 심어주던 잡지였다. 동시였을까 아니면 시였을까? 아무튼 석강 형은 '학원'에 투고하여 게재되거나 가작으로 뽑히기도 했다. 그것은 시인을 꿈꾸게 만드는 기폭제가 되기에 충분했으리라.

 그러나 1960년대는 한국경제가 역동적으로 성장 변모하기 시작하던 시기였다. 고교 시절 교정의 나무 그늘에서 삼삼오오 모여 미래의 꿈을 나누던 청춘들도 시대의 조류를 거스를 수 없었다. 문학 소년이었던 석강 형도 시인의 꿈을 접고 행정가가 되고 싶었다. 그 시절 꿈을 실현하는 첫 관문은 대학 진학이었다. 1960년대는 대학 진학율은 낮았지만, 대학의 입학정원이 동결되어 명문대학에의 입시 관문은 좁았다. 석강 형은 두 차례의 전기 입시에 실패했다. 결국 후기명문 성균관대에 진학하며 다시 행정가의 꿈을 접고 무역학과를 선택했다. 수출주도형 경제성장을 추구하던 시대적 여건에 적응하는 선택이었으리라.

시인은 대학 시절 전공수업 이외에 동아리 활동으로 서예에 열중했다. 성균서도회 회장도 역임하고, 졸업개인전도 열만큼 일정한 성취를 얻었다. 어쩌면 문필가의 꿈을 살릴 수 있는 또 다른 기회였을 수도 있었다. 하지만 졸업은 경제적 자립을 강제했고, 대기업인 기아자동차에 입사하여 무역 일선에서 뛰었고, 성실한 성격으로 중역까지 올랐다. 1990년대는 세계화의 흐름 속에서 한국경제가 출렁이던 시대였다. 기아차도 부도 위기에서 구조조정에 내몰렸고, 시인도 자회사와 관계회사로 전출되는 어려움도 겪었다.

삶을 갈무리하는 노년 생활로 접어들며, 지난날 삶에 치여 접었던 꿈을 곱씹었으리라. 소년 시절의 공책 속에 은행잎처럼 박제되어 있던 나의 청춘, 시편들을 살리고 싶었으리라. 나를 위해서 청춘의 연가를 불러보고 싶었으리라. 그리고 자식과 손주들에게 아버지 할아버지도 꿈이 있었음을 보여주고 싶었으리라.

김기홍 시인의 시단 등단과 첫시집 상제를 축하하고 성원하오. 남은 삶에선 시인으로 맛나게 살다가, 마지막 잎새 떨어지듯 어느 날 훨훨 떠나는 멋진 삶을 기대하겠소. 이따금 막걸리 한 잔 걸치며 시담이나 나누면 우리 우정도 더 깊어지겠지요. 내게도 그 시절을 되돌아볼 수 있는 시편들에 감사하며 노시인의 건안을 기원하오.

샘문시선 1050

샘문뉴스 신춘문예 당선 기념시집

잊힌 꿈을 찾아서

김기홍 시집

잊힌 꿈을 찾아서 … 김기홍 / 4
꿈을 찾고 꿈을 팔아서 떠나는 시인의 여정 … 강소이 / 6
석강 김기홍 시인의 시집 출간을 축하하며 … 이재은 / 19

제1부 봄 소나타

고향의 꿈 / 28
꽃봉오리 진선미 경연 / 29
봄 소나타 / 30
봄비로 오시는 님 / 31
새, 봄노래 / 32
안개비 / 33
연기 / 34
오월의 수채화 / 35
이 층 창가의 사유 / 36
잔디에 누워 / 37
참꽃의 핏빛 연가 / 38
진달래꽃 / 39
토요일 아침의 다짐 / 40
편지 봉투 / 41
푸른 오월의 자화상 / 42

제2부 여름 호숫가에서

목이 타는 가뭄 / 44
서러운 노을 / 45
노을이 질 때면 / 46
비 갠 후 / 47
인생길 / 48
산 위에서 내려다보니 / 49
소나기의 일성 / 50
참혹한 수재민 수용소 / 51
순수의 화신 연화 / 55
지금 산 아래 세상은 / 56
초승달 / 58
탑뜸 / 59
판잣집 마을 정경 / 60
여름 호숫가에서 / 63
흐린 달밤에 사유 / 64

제3부 가을은 가고 추억은 내리고

가을 나무의 비련 / 66
순응하는 인생 / 67
가을 뜰에서 희망을 본다 / 68
조엽凋葉의 슬픔 / 69
가을녘 서정 / 70
가을비는 내리고 / 71
가을은 가고 추억은 내리고 / 72
낙엽 / 73
조락의 슬픔 / 74
가을빛 사위는 호반 / 75
사색의 뜰 / 76
마지막 잎새 / 77
시골길 / 78
추억을 소환하는 파도 / 79
그대여! 가을이다 / 80

제4부 겨울 열차는 달리고

해풍에 걸린 그녀의 환상 / 82
겨울 안개비 오는 날 / 84
연민에 침묵하는 나목裸木 / 85
나목裸木의 비련 / 86
흰 부호가 소곡처럼 내리네 / 87
끝장 달력에 돋는 희망 / 88
뿌리 내린 샘 / 89
겨울 열차는 달리고 / 90
향수 / 91
팽이 / 92
하얀 그리움 / 93
첫정으로 오는 함박눈 / 94
함박눈 / 96

제5부 석강 돌 가람

고목枯木 / 98
꿈 / 99
나무의 사계절 / 100
아, 자유 대한민국이여 / 102
먼 훗날 / 103
모두 다 같이 노래를 / 104
마법의 바위 / 105
밤마다 찾는 쪽빛 하늘 / 106
별 / 107
무상한 사랑 / 108
기다리는 사랑 / 109
석강石江 돌 가람 / 110
인생 시험기 / 111
입맞춤 / 112

제6부 영원을 꿈꾸는 소년

곡마단 추억 / 114
고백 / 115
묘지 / 116
미련 / 118
별실의 슬픈 이별 / 119
별 헤이는 소녀 / 120
빗속으로 가버린 여인 / 122
비는 내리고 그대는 떠나고 / 124
흩어지는 세월 / 125
잎새 / 126
외로운 회고의 밤 / 127
추억 속에 인물화 / 128
영원을 꿈꾸는 소년 / 130
차창 미로 속 소녀 / 133

제1부
봄 소나타

고향의 꿈

아물거리는 아지랑이 품속에
철길이 있고

아카시아 향기를 머금은 산 위엔
푸른 향기 휘도네

아지랑이 하늘로 오르는
철길을 따라

향기로운 꿈이 서성대는
아카시아 숲을 지나

내가 밤마다 꿈꾸는 고향
내 고향으로 간다네

꽃봉오리 진선미 경연

신이 만든 눈, 그 생명
생명이 눈을 뜬다

피어오르는 꽃봉오리
생명을 만들고

환하게 피어날 한 송이
어리디, 어린 꽃

눈 뜬 생명, 가까이 와
숨결을 느끼는 생명

진! 선! 미!

새로이 창조하려는 신의
자비로운 마음

꽃은 진 선 미를 창조하고
생명은 눈을 뜬다

봄 소나타

멀리 앞산 위로
퍼져 올라가는 아지랑이

아물거리는 기억과 함께
아지랑이는 흐르고
숲은 밝은 빛으로 변해가니
싹 트는 계절인가?

연못 저편에
키 큰 고목 나무
그 뒤로 낡은 집이 졸고

연못 가 정원엔
잔디의 새싹이 파릇파릇
잔디 위로 푸드득 오르고

하늘 높이 나르는
종달새
봄을 노래한다

봄비로 오시는 님

외로움에 잠 못 이루는
깜깜한 새벽
창문 열고 보니 차가운 공기 속
조용히 찾아온 당신

손 내밀어 맞이해 보니
따뜻한 당신,

내 안의 차디찬 길고 긴 외로움에
따뜻한 모닥불 피워
외로움에 젖은 눈물 따뜻이 닦아주며
그리움을 찾아 방황하는 마음
따뜻한 손길로 보듬어 주셨지요

이제 환희 밝아오는 아침에
당신을 향한 나의 사랑은
뿌리 깊이 내린 나무가 되어
촉촉한 당신의 사랑
흠뻑 머금으렵니다

새, 봄노래

보라색 그늘 지우는 이른 봄날
말라버린 잔디에 누워
멍하니 하늘을 쳐다보았네

하늘은 푸르고 높다
앙상한 나뭇가지에서
푸드득 새 날아가네

옆으로 얼굴을 돌리니
어느 새인지
순이가 와 앉아 있네

"어머, 풀이 잔디가..."
두툼한 잔디를 들추며 푸른 풀,
한 움큼 쓰다듬으니
향긋한 향기가 어느 새 날아오르네

일어나 앉았다
멀리 보이는 산봉우리엔
흰 구름 새 되어 앉아 있네

순이와 난 나란히 앉아
하늘가 아지랑이 가리키고
새, 봄의 노래 부르네

안개비

안개비 내리는 오늘 같은 날이면
그런 사람이 그립다

한적한 변두리
조용한 카페의 창가
아늑한 조명 아래 마주 앉아
말없이 서로 그리움을 확인하고

고단했던 하루를
서로의 눈빛으로 위로하고
창가에 흐르는 빗물을 바라보며
실낱같은 희망일지라도
미소만은 잃지 말자며

작은 것에서 소박한 행복을 느끼며
그윽한 눈빛으로 서로를 보며
따뜻한 차 한잔 함께 마시고 싶다

문득
삶이 쓸쓸한
오늘같이 안개비 오는 날에는

연기

하늘 한 모랭이에 여울지는
너를 볼 때마다
사무치는 그리움

비둘기 나래에 묻어나는
너의 숨결이
창백한 우윳빛 얼굴이 그리워

못 견디게 그리워서
그만 네가 되어 본다

먼 하늘 붉은 노을이
핏빛으로 번져가고
비둘기 나래에 흩어지는
너의 숨결이
깃털처럼 흩날릴 때

나는
솟아오르는 그리움을 안고
멀리
널 찾아 길을 떠난다

오월의 수채화

오월 어느 날 오후
푸르고 높은 하늘
태양 아래 그림도 그린다

푸른 호수 위에 비친
푸른 잔디와
잔디 위의
나,

뽀얀 아지랑이 아물거리던
먼 산,
푸른 들과 흐르는 물

어느덧 하얀 도화지 위에
푸르게 번져가는
오월의 하늘
먼, 바다

거울 면 같은
수면에 비친
푸른 잔디 위의
나,

이 층 창가의 사유

눈앞엔 나무와 풀의 주단이
머얼리까지 펼쳐있고
저 멀리 하늘엔 구름이 외롭다

나무는 햇빛 아래 졸고 서 있고
구름은 풀밭 위에 그림자를 던진다

공부하던 소녀는 가만히 눈길을 돌린다
맑은 하늘에 떠도는 흰 구름 아래
저 멀리 산 너머가 보고 싶은가?

그곳에 진달래 필 때, 내 맘속엔 뻐꾸기 울고
그곳에 종달이 울 땐, 보리 내음이 향기롭다!

서늘한 바람이 가볍게 물결치며 불어올 때
어쩌면 너는 다시 눈길을 돌렸을지도 모른다
오직 더 나은 미래를 구상하고 싶어선가?

그리고 너는 그 구상을
저 멀리 보이는 하늘의 구름과
흰 구름 아래 멀리 산 너머에서 찾으려는가?

잔디에 누워

멀리, 하늘 아래 산 위에 걸친 흰 구름
하늘은 마냥 푸르르다!

푸른 잔디에 누워 바라보는 하늘,
솔바람이 얼굴을 간지럽힌다!

흰 구름에 겹쳐 보이는
뽀얀 얼굴

눈을 감고 분홍빛 햇살에 어린
뽀얀 얼굴이 비친 하늘을 그린다!

솔바람은 멀리서 분홍빛 커튼을 열며
푸른 하늘을 부른다!

흰 구름은
푸른 하늘에 비친 뽀얀 얼굴

참꽃의 핏빛 연가

겨우내 쌓였던 눈은 녹아내리고
스치던 바람도 멎었습니다

두견새 울음소리가 들리고
모르는 사이 새싹은 구슬픈 소리를 듣고
두터운 피륙을 들쑤시고 봉오리가 터졌습니다

목청이 트인 두견은
밤을 지새우며 울어서
토하는 피, 진달래꽃을 피웠습니다

이제 밤을 지새우며 울던
두견도 가버리고
진달래의 핏빛 노래도 그쳤습니다

그 후로 두견의 혼을 부르며
외로이 외로이
유곡에 서럽게 피어 있습니다

진달래꽃

하나 같이 바라보다 지쳐
하늘을 향해
터져버린 가슴

두견도 목이 말라
울음을 그친 골짜기

골짜기에 흘러내리는
여인의 피눈물

새빨간 피로 물든
여인의 가슴을 사르고 떠나간
두견의 연민

골짜기마다 흐드러져 번지는
그녀의 붉은 넋,

토요일 아침의 다짐

넓은 하늘의 반을 갈라 오늘 오후를 덮는다
기다리는 마음의 언저리 지나서
월요일의 지루한 시간을 멀리하여
지름길을 달린다

싸늘한 공기가 감도는 대지의 아침
뿌연 먼지가 일어나는
포장되지 않은 거리 거리에
토요일이 흐른다

이 길로 가면 나의 마음을 비어간다
한가한 내일의 약속을 잊어
넓은 하늘에 덮인 오후를 찾아
지름길을 달린다

내일은 잊지 말아야지,
여기저기 잊었던 기억이 되살아 온다
토요일의 기쁨에 살며시 웃음 짓는다
아직 이른 아침에

편지 봉투

하이얀 날개를 편 비둘기
날개에 쓰인
검은 잉크의 접어진 사연

파아란 새싹이 돋는
봄소식

파아란 하늘에 나르는
비둘기 떼, 구름

떠나가는 구름을 본
바둑이, 멍멍

여기 날개 달린 행운이 날아오른다!
비둘기 구구구, 이름 석 자,
구름에 쓴다

안녕
사연들

푸른 오월의 자화상

푸르고 높은 오월 하늘 아래서
그림을 그린다

파란 하늘에 비친 잔잔한 호수
호수에 비친 푸른 잔디와
잔디 위의 나

파란 하늘에 비친 호수
호수에 떨어지는 눈물
파아란 슬픔이 호수를 덮는다

어느덧 하얀 도화지에 번져가는 슬픔
파아란 하늘에 비친 파아란 호수
파아란 호수에 비친 파아란 슬픔

짙푸르게 덧칠해진
자화상 도화지

제 2부
여름 호숫가에서

목이 타는 가뭄

뜨거운 태양에 안긴 하늘은
흐르는 물마저 스며버리고

앞마을 논둑에서 퐁당거리던
개구리 울음소리도
아련히 멀어져 가고
숲 그늘 속의 매미마저
찌는 듯한 더위에 흐느낀다

거북 등, 무늬를 첨삭한 논바닥은
한없는 하늘을 원망하는 듯

멍한 농부처럼 입을 벌리고
연일 푸른 하늘을 향해
목멘 기도를 올린다

서러운 노을

오늘에 매달려 세월에 쫓기며
숨 막힌 오늘 하루의 끝을 맺는다

내일에 의지하고
더 나은 밝은 지난날을 위하여

슬픈 낙조
붉게 물들인 세상엔
다시 내일을 위하여 조용히 울려 퍼지는
가벼운 멜로디

오늘을 버리고
더 나은 내일을 위해
조용히 사라져 갈 슬픈 표정

이제
더 붉은 아침 해가
동녘에서 밝아오고

오늘과 내일 사이에
조용히 울려 퍼지는 멜로디
슬픈 낙조,

노을이 질 때면

지열이 식어가는 저무는 동리마다
골목 낮은 담장에 호박꽃이 시들고
붉게 쳐진 노을 아래로 흰 박꽃이 피네

밭갈이 간 소가 돌아오는 밭둑에
송아지 울음 따라 노을이 짙어가고
산기슭은 어둠이 짙네

붉게 펼쳐진 노을에 비친
흰 박꽃이 물들어가면
보름달만큼 둥글둥글한 두렁박은
황혼을 머금고 익어가는데
하얀 감꽃 오월에 지듯
가슴속에 뚝뚝 눈물이 진다

밝은 보름달이 산 위에 떠 오르고
늘어가는 하얀 박꽃이 둥둥둥 노을을 타면
동리는 별꽃이 핀다

비 갠 후

개울물이 넘친다
넘쳐흐르는 물은 쌓인 오물을 씻어간다

푸른 가지의 잎사귀는
더욱 싱싱해 보인다

질퍽거리던 거리는
맑은 물로 가셔 놓은 듯
산뜻한 거리, 깨끗하게 정돈된 도로

하수도가
통통 불어 흘러넘친다

터질듯한 소음의 거리는
말끔히 청소되고
화안한 햇살이 웃음 짓는다

인생길

좁디좁은 한줄기 길을 밟고
가만가만
산 위로 올라간다

풀이 우거지고
꾸부러진 이 산길은
여기가 끝이 아니리라

길은 여기서도
멀리멀리
먼 산으로 쭈우욱 뻗쳐있구나

가면 갈수록
멀고 먼
이 길의 끝까지 가고 싶다

산 위에서 내려다보니

뿌연 도시의 먼지가 소음에 섞여
기다란 나무의
그림자 속으로 파고든다

멀리
기적을 울리며
기차가 들어오고

거리엔
선거운동 차량인가?

위정자를 실은 자동차가
확성기를 통해 소음을 내며
감언이설로 둘러대며 달려가고 있었다

소나기의 일성

하늘이 어둡다!
비가 올 것 같다

우르릉 쾅 번쩍,
후두두둑 빗방울이 떨어진다

곧이어 죽룩주룩 장대비가 쏟아진다
바닥의 빗물이 튀어 오른다

길 나서는 사람이 없다
길바닥이 한강이다
빗물은 이리 쏠리고 저리 쏠리고
차들도 엉금엉금 기어간다

빗줄기가 약해진다
보슬보슬 보슬비로 변하고
컴컴하던 하늘도 훤해진다

보슬비도 그쳤다
먼 하늘부터 햇빛이 비치고
하늘이 맑아지고 거리가 산뜻해졌다

참혹한 수재민 수용소

플라타너스 잎사귀가 하늘을 가린
여기, 수재민 수용소에 햇빛은 지고
어둠이 깃듭니다

흘러넘치는 물에 게딱지 같은 집을 씻겨 내리고
간신히 몸만 빠져나온 어느 모녀는
내일의 살 곳을 걱정합니다

여기 저기에서 늘어나는 수재민을 수용할
학교 강당도 모자라 나무가 울창한 정원에
천막을 치고 하늘을 가립니다

갑자기 밀어닥친 탁류에 아들을 업고
물을 빠져나오다 잃어버리고
간신히 혼자만 빠져나왔다는 젊은 여인은
아빠가 데리고 나온 큰아들을 붙잡고 통곡합니다
어린 아들도 따라 웁니다

씻겨 잃어버린 재산, 잃어버린 사람을 어디서
찾아야 하느냐고 젊은 아들 내외와 손자를 잃고
자기만 소방대원에게 구해졌다는 노인은
천막 바닥을 치고 웁니다

흐린 하늘은 어젯밤 참상을 아는지 모르는지
어둠은 짙어가는데
흘러가는 탁류는 어젯밤의 물,
일그러진 사람들의 얼굴을 아는지 모르는지
어둠을 삼키고 흘러가기만 합니다

수재민 육십여 가구가 수용된 어느 학교 강당엔
여기저기 밥 짓는 풍로 불 피우는 연기가 나는데
여기 노천 수용소에는
모두 멍하니 하늘만 쳐다봅니다

모포 2장 건빵 4봉씩 나누어 주고 간
수재인 구호 대책 본부의 얄팍한 처사를 두고
하는 말인지
조그만 소년과 물을 빠져나온 어느 노인은
눈물만 흘립니다

자동차로 실어 온 구호품이 한 가구당
모포 석 장, 식기 서너 벌,
쌀 두어 되씩 나누어준 어느 중학교 강당에
수용된 수재민들은 그래도 당장
오늘의 걱정은 하지 않는지

컴컴한 강당 구석 누더기도 입지 못한 채
어느 어린이는 뛰어놀고, 뛰어노는 어린이는
어젯밤의 참상을 아는지 모르는지,
아빠 잃고 엄마와 우는 아이를 생각해 봅니다

잃어버린 집을 생각다 못해 남편과 싸웠다는
어느 여인을 누더기를 걸친 채
시골 친정 간다고 어린아이 손을 잡고 나갑니다
이 어지러운 파편이 흩어진 수용소에
어둠이 점점 짙어가고 있습니다

운동장만큼 큰 강당 한가운데
천정엔 백 촉짜리 전등이 몇 개 켜져 있고
구석엔 몇 군데 촛불과 등잔불이 켜져 있을 뿐,

종일 아무것도 끓여 먹지도 못한
대가족인 어느 식구는 이재서야 풍로에 불을
지피며 배고파 우는 아이들을 달래는 어머니는
조금 전까지도 어젯밤 물에 빠져
간신히 목숨을 건진 채 몸져누워 있습니다

여기저기 등불이 늘어가는 수용소
수재민 임시 수용소에 밤이 깊어갑니다
하늘은 이 참혹한 광경을 아는지 모르는지
어둠은 짙어만 갑니다

여기 수재민 임시 수용소에 밤이 깊어 갑니다
어둠은 슬픔을 삼키고
떠들썩하던 참경은 막이 내립니다

순수의 화신 연화

흐린 물속 뻘밭에 뿌리를 내리고
어수선한 주위에 넓은 잎을 띄워
순수한 빛깔의 꽃을 피울 수 있음은
정녕 생명의 신비

흐린 안개가 걷힌, 그날도
맑은 이슬 머금으며
또르르 또르르 구슬을 굴린다

흐린 물속에서 세수하며
흐린 세태 속에서도
맑고 영롱한 구슬을 꿸 수 있음은
순수한 생명의 신비

흐린 세태 흐린 물속에서
신비한 생명의 꽃 피움은
정녕 신비의 미완성

지금 산 아래 세상은

붉은 노을은 거쳐 가고 어둠이 깔렸다
저 멀리 안개로 덮인 산이 보인다
그 위로 어두운 하늘엔 별들이 졸고 있다

안개를 뚫고 멀리서 자동차가 들어온다
희망을 가득 실은 듯, 불빛을 비치며
밝은 도심으로 사라져간다

가로등도 졸고 거리에선 별들도 보이지 않지만
어두운 산장의 밤은 고요하다
저 하늘 밝은 곳으로 이끌어가려나 보다

희미하게 비쳐오는 짐 실은 차량의 먼 불빛과
환히 산정까지 비쳐오는 도심 차의 불빛은
밤거리 선과 악의 대조인가 보다

높은 산의 윤곽도 희미하게 사라져가면
안개는 산허리에서 어지러이 떠돌며
별빛과 함께 산그늘에서 숨바꼭질한다

밝은 불도 이제 하나 둘 사라지고
저 멀리 기차가 긴 기적을 울리며
불빛을 흩뿌리며 들어오고 있다

이제는 모든 것이 가버리는 어두운 밤
소란했던 도시에도 적막이 깊어간다

초승달

하늘은 깊은 물에서
허우적거리는데

여인의 마음은 하늘에서
사르르 사르르 미끄러져 갑니다

아직 갈 길이 멀지만
이제 저 고개만 넘으면
새벽길에서 임이 기다립니다

임이 오시니 어둠이 물러가고
밝은 해가 떠오릅니다

상처받아 가슴이 조각난 여인은
갈 길을 몰라 헤맵니다

탑塔

노을이 비껴간 언덕 아래
노을에 묻힌 탑

노을을 타고 언덕을 감도는 어둠 속에
탑은 우뚝 서서 싸늘한 달밤을 부른다

싸늘한 달밤
탑은 한사코 하늘을 꿰뚫으려는지
마냥 높아 보이기만 하다

이끼 낀 파란 자욱마다
하늘을 향하는 철새 울음소리에 익은 세월은
구름처럼 흘러간 이야기를 들려주며

구름 위에 머무른 시야는
저만큼 물결치는 세파에 씻겨
검푸른 하늘을 향한다

달과 해의 의미까지 익히며
반짝이는 별을 친구삼아
탑은 푸른 하늘을 향하여 손짓하며 부른다

탑은 노을에 취해서
하늘을 꿰뚫지 못한 채
달을 향하여 손짓한다

판잣집 마을 정경

저녁이 내립니다
판잣집 마을에 노을이 내립니다

옹색한 사람들의 시름인 양
넝마 조각 같은 옷을 걸친 벌이 좋은
어느 지게꾼이 일찍 돌아오면 다닥다닥 붙은
판잣집 마을의 한구석에서 연기가 난다

천변川辺 늘어선 노점에서 풍로 불 지피며 흩어진
지난날을 찾는 늙은 어머니는 학교 갔다
돌아오는 어린 아들을 기다리며 피난 가던
어느 저녁 아들을 업고 구걸을 나섰다가
병든 남편과 딸을 잃고 두고 온 고향을 생각한다

철근 콘크리트 다리 밑 습지에 지은 판잣집
지붕의 찢어진 천막은 깃발처럼 펄럭이고
거기 아무렇게 쌓이는 폐물 부스러기들

이 어지러운 판잣집 마을에 노을이 내립니다
밤이 엉금엉금 다가옵니다
어둠이 깔립니다

거미줄 쳐진 탐정 이야기 같은 좁은 골목엔
주인을 잃어버려서 버림받은 고서 신문 잡지 등
귀한 책들도 저울에 달려 휴지로 팔리고
살모사를 목에 감은 싸구려 약장사는
약 대신 연기演技를 팝니다.

지금쯤 골목 가까운 어느 주막에선
누렇게 절인 술을 마시며
오늘을 산 품팔이 지게꾼은 하루 걸려 바뀌는
술집 색시 하얗게 웃는 모습을 바라봅니다

큰길에서는 하루에 한 번씩 오는 쓰레기차가
일주일에 한 번씩 판잣집 골목을 들을라치면
넝마주이 소년들이 쓰레기 더미를 파헤칩니다

빨갛게 타오르는 노을 속으로
낡은 천막에 높지도 않게 둘러싸인
서커스단 나팔이 울면
시름인 양 호소인 양 들려오는 박수 소리

도롯가에 모녀가 과일을 팝니다
붉게 타는 노을 등지고 헤어진 가족을 생각하던
어머니는 광주리를 이고 소녀의 손을 잡아
반겨 줄 이 없는 집으로 갑니다

모두 두고 온 고향
하나하나 잃어가는 나날들
버림받아 지난날을 잊고 고향도 잃어
붉은 노을을 찾아 내일을 살아야 하는
여기 판잣집 마을

붉게 타오르는 노을에 물들어가는
다닥다닥 붙은 게딱지 같은
집 집마다 피어오르는 연기는 흩날리는데
비지죽 끓는 냄새가 콧속에 스며들며
여기 왕초네 가족도
얻어온 밥으로 주린 배를 채웁니다

여름 호숫가에서

푸른 나무들이 울창이 들어선
험한 산으로 들어간다

하나의 까만 점이 되어 없어졌다
푸른 나뭇잎이 흔들린다

파란 하늘에 돛단배 떴다
호수는 동그라미를 그린다

호반 기슭으로 헤아려 간다
다시 잔잔해진다

까만 점이 차츰 가물거린다
나뭇잎이 흔들린다

푸른 하늘에 천둥이 친다
호수는 천둥을 되울려 올린다

호수는 동그라미를 그린다
다시 호반 저쪽 기슭에 닿는다

흐린 달밤에 사유

창백한 얼굴,
빛 잃은 눈동자는
희멀거니 치켜뜨는데

낮이 싫어서
밝음이 싫어서
어두운 밤, 밤에 빛나는 눈길

밤은 하늘을 만들고
하늘이 만든
어둠

그 어둠에
달이 빛나는데
희미한 달빛은 비치는데

제 3 부
가을은 가고
　　추억은 내리고

가을 나무의 비련

한여름 무성하던 초록빛 잎사귀가
가을에 울긋불긋 물들어 떨어져 갈 때
그는 서러워하지 않는다

다만 지난여름 활짝 피어 무성했던 가지에서
가을의 싸늘한 바람에 날려 떨어지는 낙엽과
이별하는 그는 슬플 뿐이다

그는 빈 나무에 줄기와 뿌리에서
추운 겨울 지내려 잎사귀 떨군 가지에서
새봄에 물 올려 새 움을 틔우고
새싹이 파릇하게 피어날 희망을 품는다

그는 휑한 헐벗은 가지 사이로 비치는 달빛 아래
세찬 바람에 떨어져 날아가 쌓인
분신 하엽下葉 밟으며 걷는 자신이 쓸쓸하여
비련을 토할 뿐이다

순응하는 인생

지난 계절 푸르름을 자랑하며
무성하게 커가던 나무들도
추운 겨울 생을 잇기 위해 속내를 비우고

속내를 비우니 잎사귀는
울긋불긋 아름답게 물들어
그 모습이 나무를 아름답게 하지만

나뭇잎은 소슬한 가을바람에
속절없이 떨어져 날려 나무와 이별하지만
서운해하지 않는다

잎새마다 새겨진 지난날의 애환을 보며
추억 속에 빠지거나 무엇을 남기기보다는
나무가 살아서 더 알찬 생을 잇기 위해

자연의 흐름인 세월에 맡기어
주어진 생을 살고 떠나는 나뭇잎의
진실한 뒷모습을 바라봅니다

가을 뜰에서 희망을 본다

엉성하게 짜여진 덤불이 얽힌 테라스
그 아래 갈라진 뿌리 위로 감아 올라간
등나무의 굵은 줄기
엉켜진 앙상한 가지들 휑한 사이로
구름 한 점 없는 푸른 하늘이 높아 보인다

어수선히 흩어진 낙엽 덮인 화단엔
코스모스만 몇 포기 피어 한들거리고
그 옆 칸나의 큰 잎이 칙칙하게 휘어져 있다

엉성히 엉클어진 줄기식물의 색 바랜 덤불,
나팔꽃 메꽃 덩굴장미 아이비,
줄기를 꺾고 걷어내며 푸르게 뻗어나가
내일의 희망을 품는다

봄 새싹 푸른 잎사귀 우거진 그늘의 여름
떨어진 잎사귀를 바라보며 사색하는 가을
싸늘한 바람에 웅크려진 줄기

모진 추위 겨울이 다녀가고
또 봄이 오겠지요

조엽凋葉의 슬픔

쓸어도 쓸어도
떨어져 날리는 잎사귀
한 잎, 두 잎

흔들어 떨쳐도
쓸어버려도 매달린, 가랑잎
다섯, 넷, 셋

대롱대롱 날리는
목메어 붙잡고 흔들리는 잎새를
거미가 그물을 엮어 잡고
셋, 둘, 하나
아직도 매달린 마지막 잎새는 봄까지…

하나
둘
셋 넷 다섯
떨어지는 낙엽을 세며 하루를 지낸다

손에는
싸리비가 들려있는데!

가을녘 서정

키 큰 코스모스가 한들거리는 화단
잃어버린 나날들이 스쳐 가는데
사철나무 잎사귀는 월동 준비에 바쁘다

잊어버린 고향에 향수를 찾는 노오란 국화꽃은
한껏 마냥 부풀어 오른다
화단이 가꾼 꽃, 꽃이 가꾼 화단

저만치서 조화의 신비를 맛본 꽃
노오란 국화와 말쑥하게 뻗어나간, 키 큰 분홍 꽃
코스모스가 바람에 산들거린다

희망을 품고 잊혀간
봉숭아 분꽃 백일홍 해바라기 눈물짓는다
잃어버린 나날을 찾기엔 너무나 고단한가 보다

한들거리던 코스모스 줄기에
하얀 서리가 내리면 마냥 부푼 국화도
펼치던 봄의 꿈을 잃어간다

가을비는 내리고

길가에 뒹구는 낙엽 위에
빗방울이 떨어진다

추적거리는 비에 젖은 낙엽이
쓸쓸해 보인다

깊어가는 가을을 사색하며
가을을 걷는다

가을바람이 불어와
빗방울이 싸늘히 얼굴을 때린다

얼굴에 흐르는 가을을 느끼며 쓸쓸히 걷는 길은
가을을 보내기 아쉬운 길

이 비가 그치면
추운 겨울이 오겠지

비에 젖은 가을은
그렇게 쓸쓸히 간다

가을은 가고 추억은 내리고

지난 계절 색색으로 물든 꽃잎 떨어져
푸른 잎들이 들썩이고 무성했는데

색색으로 물든 나뭇잎 떨어지니
앙상한 가지만 남아 쓸쓸함을 더하네

깊어가는 가을을 사색하며
함께 걷던 추억의 오솔길

붉은 단풍 피어 있는 길 홀로 걸으니
외로움만 더하네

가을바람에 휘둘리는 낙엽에 가슴 시리고
외로움의 눈물 뺨에 흘러내리면

추억의 오솔길 함께 걸으며
가을의 외로움을 떨치고 싶다

아,
이 가을이 가기 전에

낙엽

뜨거운 햇볕 아래
생생한 가로수의 기억은

머언 날
포도 위에 날리고

신화 같은 이야기들은
싱싱한 시어가 되어

가을바람을 타고
나의 곁을 스쳐 갑니다

조락의 슬픔

나뭇잎들이 바람 타고 날아, 한 자리에 모여
마지막 이야기를 끝내고
흩어져 헤어져야 하는 가을

널따란 플라타너스, 오동나무의 칙칙한 갈색 잎
부챗살처럼 갈라진 노란 은행잎
밤하늘의 별, 바닷가 불가사리를 닮은 붉은 단풍잎

이제 추운 겨울을 지내고
생명이 움트는 다음 봄을 기약하고
서로 갈 길을 가야 합니다

싸늘한 가을바람이 갈 길을 재촉하니
나뭇잎들이 날려 이리 밀리고 저리 쓸려 흩어져
지난날의 푸르고 아름다운 이야기를 전하기 위해
함께 한 나뭇잎은 많지 않습니다

이미 헤어져 제 갈 길을 갔나 봅니다
성급한 계절의 흐름은
못다 한, 남은 이야기를 마저 하기에는
이 가을이 너무도 빨리 지나갑니다

가을빛 사위는 호반

높아진 하늘
떨어진 구름 조각
앞산 위로 날아간다

빈 들판을 날으는
참새 떼
실바람에 흔들리는
잎 바랜 코스모스

호수 둘레
낙엽을 밟으며
산책하는 발길은
가을을 보내는 아쉬운 길

사색의 뜰

쓸어도 쓸어도
쓰레기를 흩어놓은 양
가랑잎이 비 오듯 했다

늙은 백양나무 줄기엔 비늘 조각이 흩어져 붙고
플라타너스 가지는
아이 모자의 방울인 양 열매가 달랑거린다

밀려 나온 느티나무 잎사귀는
오늘을 울며
내일을 기다린다

헐어 상처 난 고목
팔랑거리며 붙어있는 마지막 잎새는
오늘을 산, 용사

쓸어도 쓸어도
쓰레기를 흩어놓은 양
가랑잎이 비 오듯 했다

마지막 잎새

텅 빈 가지 사이로 스미는 달빛은 스산한데
긴 가지 끝에 매달려
혼자 눈물짓고 있습니다

보내도
떠나지 못한
당신을 잊은 더위처럼 미련하게

미련이 남아서일까!
스치는 바람에 펄럭이며
당신을 붙들고 매달려 있습니다

푸르름 지쳐 누렇다가
검붉은 노을에 그을려 갈색으로 변하여
나는 홀로 울고 있습니다

시골길

길을 따라 좁은 냇물이 흐릅니다
길옆에 쓸쓸히 서서 한들거리는 코스모스

탁 트인 들에는 사락사락 흔들리며
익어가는 알찬 벼의 숨소리

저 위쪽 산
산 위로 난 좁디좁은 길
길옆에는 큰 소나무 몇 그루

돌아오는 길엔
코스모스가 들국화 여인에게 손짓하고

맑은 물이 흐르는 시냇가를
한적한 시골길이 따라갑니다

추억을 소환하는 파도

파란 하늘이 보인다
짙푸른 바다가 보인다
책갈피처럼 수평선이 보인다

나 홀로 찾아간 철 지난 바닷가
하얀 구름이 날리고
백동빛 파도가 다가온다

그리움에 흩어지는 예쁜 솜털 구름
찰랑이며 부서지는 작은 파도는
향기로운 너의 숨결

부서지는 물보라
너의 미소에 입 맞추고
겹겹이 쌓인 그리움을 풀어
저 수평선 끝 하늘 위로 띄워 보낸다

그대여! 가을이다

하늘이 맑으니 바람도 맑고
그대 마음도 가을같이 맑았으면

오랜 세월 사랑으로 잘 익은 그대 소리가
노래로 펼쳐지고 들꽃으로 피어나고

한 잎 두 잎 나뭇잎이 물들어 떨어지고
들새들 노랫소리 그대 귀를 울릴 때

나의 마음도 그대 담으려
하얗게 비어갑니다

사랑하는 그대여
가을 하늘처럼 비워 놓은 나의 마음으로
어서 조용히 웃으면서 걸어오세요

제4부
겨울 열차는 달리고

해풍에 걸린 그녀의 환상

차갑고 메마른 빌딩 숲에
황혼이 지고 어둠이 내린 도시를 떠나
나 홀로 찾아간 추억 어린 겨울 바다

싸늘한 바람에 실려 오는
축축한 비릿한 바다 내음
일상의 복잡 분주함으로 꽉 찬 가슴을 안고
바다를 향한 해변 산책길은

희망을 안고 하루를 시작한 일상과
가슴 설레던 사랑의 열정과
그리움도 싸늘히 식은 초저녁 겨울 바다

다녀간 연인들의 희로애락의 흔적이
그 자리에 남아있는 것 같고
돌아보면 그때 모습 그대로
손 내밀면 살며시 잡아줄 것 같은 아련한 착각

그토록 아름답고 애달파서
싸늘히 식은 좁은 가슴에
온화하고 축축한 해풍으로
가슴 가득 사랑 채우며

그리운 추억 아련한 환상 속에
마음은 그녀 얼굴로
빈 바다를 가득 채운다

겨울 안개비 오는 날

겨울 안개비 내리는
오늘 같은 날은

도시의 소음을 벗어난
한적한 교외로 나가

그대와 함께
낭만이 어린, 이 층 찻집에서
찻잔을 기울이며

유리창 아래로 보이는 길거리의
낯선 행인들을 무심히 쳐다보며

주위에서 들려오는
다정한 연인들의 속삭임을 듣고 싶다

연민에 침묵하는 나목裸木

당신도 모르시기에
아니 나도 모르는 사이에
끝내 서 있는 뜻입니다

못 다 죽은 넋을 안고
속으로만 불태워버린 사월의 가슴팍
마지막 한 방을 피로 적셔 외친
타버린 입술입니다

또 한 번 목이 메어 외쳐봐도
졸아드는 연륜이 스스러워
푸른 잎새 같은 이야기들은
세월에 낙제한 항변입니다

사나운 세월에 빼앗긴
마음 없는 서러움을 안고
핏기마저 가셔버린
내일도 지켜야 할 기막힌 운명입니다

정녕 외로운 새 한 마리
두견의 울음도 그치고
이제는 창가에 하늘을 우러러
서 있는 침묵입니다

나목裸木의 비련

하나하나
사랑을 잃은 슬픔 때문에

핏줄처럼 뻗어나간 가지 사이로 바람은 일고
푸른 잎새의 사지死地가 된
텅 빈 가지 사이로 스치는 달빛이 찹니다

꿈을 잃은 앙상한 사지엔
달빛이 가득한데
푸른 잎새의 기억도 까마득합니다

그래도 발가벗은 알몸인 채
내일을 기다리는 저는 외롭지 않습니다

쌓이고 쌓인 슬픔이 풀리는 날
저는 미소 지으며 웃어 보일는지 모르겠습니다

흰 부호가 소곡처럼 내리네

한 송이 또 한 송이 소복이 쌓인 그리움을
흰 눈으로 살짝 덮으시려나
어둠 몰래 비우시려나

창가에 흩날리는
흰 눈발이 부호로 해산하는 음표가
오선지에 소곡처럼 나리시네

쌓인 그리움 속 추억을 불러내어
유리창에 음표를 그려주니
창밖에 흰 눈송이 첫사랑으로 오시네

첫사랑이 소복소복 쌓이는 이 한, 밤
유리창에 어른거리는
추억어린 그리움 잠 못 이루고 눈물짓네

끝장 달력에 돋는 희망

파릇하게 싹터 가지에 매달린
열두 잎 잎사귀가

누렇게 물들며 한 잎 두 잎 떨어져 갈 때
줄기는 속상한 듯 눈물짓는다

이제 한 잎 남은 마지막 잎새
가지에 걸린 채 펄렁거린다

내일을 기다리는 줄기는
머잖아 새싹의 파릇한 열두 잎이

가지에 돋아날 희망에
가는 세월 웃으며 보낸다

뿌리 내린 샘

샘,
파란 물결
흐르는 물길

모두
잊어버린 기억
생명의 근원

잃어버린 생명에
향수는
처절하게 불타는데

하늘을 담은
파란 꿈이
처연하게 자라는데

여기
졸 졸 졸
하늘을 모신 샘이 흐르네

겨울 열차는 달리고

어두워지는 차창 밖 하늘엔
멀리 희미한 달이 헤엄쳐가고

밤마다 우뚝 서서 빛나는 가로등처럼
대낮같이 빛이 나는 정거장

창밖에 눈이 날린다
반짝이는 불들은 자꾸자꾸 내 뒤로 흐르고
붉은 시그널이 꿈인 양 스쳐간다

이미 지나쳐간
잊혀진 마음속의 정거장은 서럽기만 하다

흩날리는 낙엽도 또한 소녀도 없는
시골 텅 빈 정거장에도 눈은 내려 쌓이고

차창엔 흰 눈송이가 부서지며
열차는 달리고 있었다

향수

잃어져 가는 고향을 잊지 않으려
먼 고향 하늘을 쳐다본다

밤하늘에 둥실 떠 비치는 달빛
길다랗게 빛을 그리는 유성은
정녕 고향을 향한 그리움

지금도 고향 하늘 희미한 달빛 아래 나무 곁에서
어머님은 정한수 떠 놓고 빌고 계시겠지

잊혀져 가는 고향을 곁에 두려는 마음
향수는 정녕 어머님을 향한 기도

깊은 밤 하늘은 반짝이던 별들도 삼켜버리고
향수에 젖어 지새운 이 밤은

고향을 향한 그리움
어머님 사랑

팽이

아픔을 견디며
채찍을 맞아야

핑핑 돌며
오래 사는 길이야!

남과 싸운다고 부딪히거나
아프다고 피하면

상처받고 쓰러져
일어날 수 없어

하얀 그리움

오늘 눈이 옵니다
날리는 눈 속, 쌓인 그리움 속에서
그대를 봅니다

하얀 그리움이 내 마음에
철 지난 붉은 단풍잎처럼 소복이 쌓여
문득 그대가 보고 싶은 날입니다

아직
그대 내 가슴에 머물러 떠나지 않는
희미한 꿈 같은 지난날들이

눈이 오면 더욱 생각나
쓸쓸한 미소만 흩날리는 눈 속에
뿌려봅니다

첫정으로 오는 함박눈

혼선, 가는 길 오는 길
아마 대기의 흐름일 것이다
영원히 가버린
너의 하얀 눈길 속에 비친 미소

파란 하늘 아래서
영원히 묻혀 살려던 영혼은 가버렸다
나의 곁을 영원히 떠나 버렸다

차가운 바람 속에 들리는 음성
너의 목소리,
"오빠 전 오빠를 좋아했나 보죠"

어둠에 묻힌 하늘, 얼굴을 묻는 어둠
쑈윈도 불빛은 하얀 눈빛을 반사하고
파편처럼 흩어지는 눈송이

가로등에 비친 가로수
앙상한 가지에 쌓이는 눈,
눈 속에 어른거리는 그림자

로봇 걸음 뒤따르는 소녀
"오빠, 같이 가아"
아니, 누구야 아무도 없는데
빛도 초점도 잃은 눈동자

그녀의 환상이 너무 선명하다
영원으로 간 너의 마지막 말
"오빠 절 사랑해 주셨어요
그러나 전 오빠 곁을 떠나나 봐요"

눈이 쌓이는 거리, 거리의 혼선
아마 영원한 대기의 흐름일 것이다
눈은 내려 쌓이는데!
눈은 내려 쌓이는데!

함박눈

깃털처럼 솜털처럼
바람 타고 당신이 내립니다

참 고운 당신이 하얀 눈이 되어
온 세상에 내리면
당신으로 나무, 언덕, 바위, 산과 들
온 세상이 하얗게 순결하고 아름답습니다

난 갓난아기가 되어 엄마 품속처럼
솜털 이불에 쌓여
포근히 당신 품에 잠이 들고

꿈속에서
하얀 눈 위에 발자국을 남기며
깨고 싶지 않은
하얀 겨울 여행을 떠납니다

제 5 부
석강 돌 가람

고목 枯木

흐르는 세월에 맡겨
끝내, 서 있는 뜻은
세월에 대한 미련인가 보다

바람에 실려 온 세월은
이렇게 나를 울렸습니다

가만히 귀를 기울이지만
불어오는 속삭임에는 귀가 먹었습니다

스르르 눈 뜨고 보려 하지만
푸른 잎새의 무성함에는 눈멀었습니다

흐르는 세월에 빼앗긴 새싹의 산뜻한 꿈은
뒤란으로 나르고

앙상한 사지는
내일을 지킬 침묵입니다

꿈

봄
파란 하늘
종달새의 노래 속에도
꿈이 부풀고

파랑새
여름이 오면
숲은 하루를 덮어 그늘 지우고
푸른 잎새들은 꿈을 키운다

나는
그 그늘 아래서
꿈을 꾸며
먼 미래를 생각한다

나무의 사계절

여기 꿈을 찾는 앙상한 가지에
잊혀진 나날들이 하나, 둘 떠오른다
물오르는 앙상한 가지에 어른거리는
아지랑이 희망이 움트는 계절

가지엔 푸른 꿈들이 익어가는데
잎을 시기한 하늘의 무더움에 물마저 스며버리고
여기저기에서 훈김이 서린다
서늘한 그늘에 가린 인간이 한없이 밉다
아직 더위는 계속되는데

푸른 하늘을 향해 뻗어나간 가지
붉은 노을에 뿌린 눈물처럼
여기저기서 색색으로 변해가는
꿈의 슬픈 하소연을 듣는다

하나, 하나
초록의 꿈을 잃어 가는데
하늘을 향해 뻗어나간 앙상한 사지에
남은 꿈은 나래를 펼치려 팔랑거린다

잃어가는 꿈
앙상한 가지에 잊힌 사지의 초록의 꿈을 삼키며
앙상한 가지에 눈은 쌓인다

얼굴을 스치는 싸늘한 바람은
펼치던 초록의 꿈을 흩날리고
여기 자꾸만 쌓이는 눈,

뿌리는 아른거리는
아지랑이의 꿈을 꾸며
희망의 내일을 기다린다

아, 자유 대한민국이여

이 나라 세운 지는 사천삼백 년
부여도 고구려도 우리의 겨레
신라도 백제도 우리의 겨레
거룩한 백의민족 후손이건만
후진성 탈피하기 위한 역사가 없오

사대와 감투싸움으로 나라를 잃고
선열의 고귀한 피 물려받는 자들이여
남북이 흩어져서 벌였던 동족상잔에
산수가 좋다 하던 금수강산이
폐허의 옛터만이 남아있구나

이 나라 이 강토엔 역사가 없소
자유 대한민국 세운 지는 겨우 십오 년
독재가 사리사욕 채우려 했소
학생의 고귀한 피 물려받은 자
부패와 정당 싸움 군사혁명이

반만년 이어받은 겨레의 역사
반만년 이어받은 겨레의 문화
억만년 이어나갈 기초 닦으오
받들고 일을 하자 우리의 겨레
뭉치고 화합하여 꽃을 피우자

먼 훗날

그대
그리움에

파랗게 멍든 자국은
이제 누렇게 변해가고

핏빛 정열은
흙빛 딱지로 영글 때

내 사랑은
그리움을 잊어

파란 하늘을
헤맨답니다

모두 다 같이 노래를

파도 소리
푸른 물결같이

산 놀이
산새들 같이

바람 소리
갈대숲같이

흐르는 물소리
날리는 낙엽처럼

노래 부르오
모두 다 같이

마법의 바위

네게 걸터앉아
하늘을 보면

부러운 것 탐나는 것
보이지 않아

성공 신화 벼슬자리
남의 이야기

해 질 녘 네게 누워
하늘을 보면

스르르 눈 감기고
꿈속에 들며

포근한 엄마 품속
갓난애 되네

밤마다 찾는 쪽빛 하늘

이 길로 가면 나의 마음은 비어가고
하늘이 보고파 밤이면 밤마다
그리 슬피 울던 마음

이 마을 저 마을 등잔불이 하나둘 켜지면
어둠이 무서운 나는
싸늘히 떠오르는 달빛 아래
쪽빛 하늘을 찾으려 헤매입니다

밤이 깊어 깜빡거리던 불빛이
하나둘 사라져가면
반짝이는 별빛을 찾아
마음은 어두운 하늘로 향합니다

어둠이 무서운 하늘에서
빈 마음을 달래며
잠을 이루지 못하고 슬피 슬피 웁니다

울다가 지쳐 날이 밝아오면
잊어버린 슬픔은 다시 떠오르고
해님은 나의 슬픔을 앗아갑니다

별

밤
하늘에
반짝이는

헤일 수 없는
별

하나
둘
셋
넷
.
.
.
"..."

언제나
세어도 마찬가지

초등학교
일 학년
산수 공부 책

무상한 사랑

그대 가슴에
던져도 던져도
채울 수 없는 그리움

내 마음에
채워도 채워도
바닥에 스미는 그리움

그대 가슴에
던져도 던져도
허공을 가르는 물방울

내 마음에
지워도 지워도
지워지지 않는 그림자

먼 하늘 떠 있는 구름
잡으려 잡으려도
흩어지는 사랑

기다리는 사랑

사랑은
내 마음에
잠시 떠났다 돌아올 뿐
변하지 않는 것

마음의 산속 깊이 묻었다가
소나기에 씻겨내려
죽순처럼 움트는 것

여울가
은밀히 숨겨둔 사랑
무지개 타고 떠나더니
왜 홀로 와
슬피 울고 있는가?

왜 갈 길을 잃어
헤매고 있는가?

늦은 밤, 돌아오거든
옛적에
실실이 사연 풀어 놓았던
그 자리에 기다리고 있노라고

석강石江 돌 가람

언제부터인지 조약돌이 구르는
강바닥에선
생명을 이어가려는
내가 있었다

푸른 이끼 덮고 구르는 돌
차라리 모순이 나르는
파란 슬픔의 연속이고
하늘을 흐르는 물줄기는
기쁨의 눈물이었다

하루를 지키는 설움은
또 다른
내가 있어서

이제
노을 지는 강가에서
푸른 이끼와 대화하며
오늘 하루를 보낸다

인생 시험기

오늘
초조한 마음에
아쉬움과 서늘한 선율이 흐른다

아스라한 기억 밑에는
책갈피에 머리 파묻고 스러지며
희미한 기억과 함께
꿈속의 나그네 되었다

떨리는 손으로 답을 쓰는
초조한 마음속에서
아스라하게 떠오르고 기억과
아쉬워지기만 하는
그 문제들을
여기
꿈속에서 풀어봅니다

입맞춤

사랑으로 무장한
둘의 눈이 반짝인다

서로 가까이 다가가
눈을 반쯤 감은 채 포옹하며
서로 매달린다

마치 보고 듣고 말하기를 멈춘 채
서로의 가슴으로 말하려는 듯
사랑의 일체감을
더더욱 깊게 느끼고 싶기 때문인가 보다

몸이 더욱 밀착된다
사랑으로 온통 뒤덮인 얼굴에
그들의 감은 눈이
참으로 곱다!

제 6 부
영원을 꿈꾸는 소년

곡마단 추억

넓은 광장
가설 천막에서
서글픈 여정을 부르는
나팔은 울고

웃음소리
박수 소리
탄성이 뒤섞여
천막 밖으로 새어 나오는
가설 곡마단

붉은 노을이 앞산에 번져가고
천막 꼭대기에
깃발은 펄럭이는데

어스름이 찾아들자
맨 먼저 몰려나오는
공짜 구경꾼
아이들

고백

내가 모든 걸 잃고 헤매일 때
나를 붙들어줄 수 있는 사람이
너였으면

소중한 추억 속의 모든 기억이
폭풍우처럼 흔들릴 때
내게 가장 큰 힘이 되는 사람이
너였으면 해

내 모든 것이 다 끝나는 순간까지
생각할 수 있는 사람이
너였으면

그렇게 내 모든 끈이 연결된
그 단 한 사람이
너였으면 해

묘지

여기 마지막 남기고 간
사람들의 서글픈 표정
그것은 미소의 끝임이었다

그것은 물려받은 유물과 같이
언제나 남아있는 것이다

가난한 사람들의 이름이 새겨진
묘비 이름들

그들은 교황보다도 높은 왕국을 건설한다
누구보다도 행복하다

국토의 주인들은
먼 위치에서 묵상에 잠긴다
정녕 고요한 잠이다

언제나 늘 안정된 생활을 하건만
그것은 가슴이 터지도록 울부짖던 사람들의
환락의 어버이가 되었다

세월은 흘러갔다!
무서웠던 생명의 귀인들도
흙 속에 허무히 묻히고

언덕과 골짜기에서
역행의 행장은 머물렀다

그 후부터
여기 슬픔이 가버린 곳
묘지,
묘지,

미련

너 좋아 보인다

잘 지내는 것 같아서
그래서 아프다

잘 갈 것 같아
놓아주고

잘 지내는 것 같아서
뒤돌아섰지만

역시 너무 서툴다
헤어짐이

미안하다
아직도 널 놓지 못해서

별실의 슬픈 이별

기억의 한 모퉁이에 떠오르는
잃어가는 얼굴 위에
푸른 꿈들이 얽히고

길어간다는 생명 위에
하얀 가운을 걸친 간호사가
마지막 강심제를 놓는다

고통에 일그러진 얼굴
조용한 미소가 흐르는 얄팍한 두 볼엔
신비의 대기가 감돈다

잃어가는 한 생명
신비의 베일이 풀리기 전에
영원한 삶의 초월한 의지는
삶의 나래를 펴는 꿈을 갉아먹는다

별 헤이는 소녀

가까이는 뿌연 연무에
각양각색의 불빛이 어른거리고
멀리 깜깜한 하늘엔
초롱초롱 무수한 별이 반짝인다

움직일 줄 모르는 석상처럼
창가에 기대어
밤과 대화하는 소녀

눈앞에 어리는 환상
밀려드는 상념에
질끈 감아버린 눈

마음속에
빼곡히 들어찬,
아스라하게 펼쳐지는
그리운 추억들

마음의 언저리에 자리한
어른거리는 불빛과
멀리 희미하게 반짝이는
무수한 별들과의 대화

이제 어른거리던 불빛도
하나둘 사라지고
멀리 텅 빈 하늘에 외롭게 남은 별들은
날아가 버린 비둘기

어느 때인가 돌아올
흰 나래의 비둘기를 위한 기다림
텅 빈 가슴을 꽉 채운 그리움

불 꺼진 창가
텅 빈 마음의 언저리에 채워진
먼 하늘의 반짝이는 별을 보며
소녀는 스르르 눈을 뜬다

빗속으로 가버린 여인

비 오는 날
눈이 마주친 우연한 만남은
시간이 가면 갈수록
운명적인 만남이라 느꼈습니다

사랑이란
그 이름으로 당신 곁에 머물고
잠시만 헤어져도 또 보고 싶어
삶을 함께하고 싶었습니다

무슨 까닭인가요
당신의 속마음을 나인들 알았겠습니까
아무도 모르는 내 그리움을
당신인들 알았겠습니까

즐거워하던 날
행복해하던 날
당신 모습 떠올리며
되돌리고 싶은 마음 왜 없었겠습니까

그리워하던 날
잠들지 못한 날
조용히 눈물 지우며
손 내밀어 주길 그렇게 바라고
돌아오리라 기대했지만
끝내 당신은 떠나갔습니다

지금도
비는 하염없이 내리고
당신은 내 곁에 없습니다

비는 내리고 그대는 떠나고

오늘도 그날처럼 지루하고 하염없이
비가 내립니다
빗줄기 속에 떠올라 어른거리는 얼굴
그리워도 볼 수 없는 얼굴입니다

비 오는 날 우연히
나를 바라보던 당신의 모습에서
순수하기만 한 꽃을 보았는데
지금 빗줄기에 그대 꽃잎이 지고 있습니다

당신과의 만남이 서려 있는
내 가슴속 빼곡히 채워진 그리운 추억은
갈 곳을 잃어버린 빈 마음뿐입니다

늘 다를 바 없는 하루 속에서
가슴 아픈 이야기들로 하루를 채워
빗속으로 떠내려 보내고
빈 마음에 자리할 기다림도 야속함도 지우렵니다

지금도 창밖에는
하염없이 비가 내리고
당신은 저 멀리 멀어져가고 있답니다

흩어지는 세월

하늘은
내 마음의 언저리

난 잃어버린 하늘 구석을 헤매며
뚫린 눈으로 멀리 달아나는
자신을 응시한다

가졌다가
또 주어버린 시간들

한 장 한 장
뜯겨가는 일력에서 흩어지는데

여기
가버린 시간

잃어버린
세월

잎새

하늘거리는
소녀

가냘픈 눈매는 슬픔을 품어
더욱 신비하게 보인다

살짝 흩어 내린 머리카락에
눈을 깜빡거리고

입술은 두 볼과 같이 부르르 경련이 인다
무슨 말을 하려는지

수줍어
수줍어
파랗게 웃음 짓는 얼굴

외로운 회고의 밤

차가운 달빛마저 희미한 밤,
도시의 소음도 가셔버린 밤은
고요히 깊어만 갑니다

달빛 아래 바람만이
힘없이 뒹구는 낙엽을 날리며
대기의 호흡소리만 들리는 밤이면
지난날의 아쉬움이 머리를 스쳐갑니다

그때의 미소와 눈물
주고받던 벗들의 이야기 등
따사로운 회고에
나는 더 외로워집니다

가로등도 깜빡거리며
가로수도 졸 때
밤의 장막을 헤치며 달리는
기차의 기적소리만이 은은히 들리면

나는 가만히
외로움이란 책을 덮는다

추억 속에 인물화

못 견디게 보고 싶어 찾아온
추억이 서려 있는
함께 걷던 개천가 호수 길

짧은 만남으로 멀리 떨어져 있어서
잊었다고 생각했는데
문득문득 떠오르는 그리움

하루에도 수없이 보고 싶어
그녀 모습 가슴에 그리다가
지워야 하는 허탈한 인물화

함께 걷던 그 길
한 걸음 한 걸음 걸을 때마다
아지랑이처럼 호수에 피어오르는 얼굴

추억이라 생각하면
다시는 되돌릴 수 없는 일이지만
함께 걷던 그 길, 홀로 걸으며
다시, 한 번 그녀 모습 차례차례 그려봅니다

그리움이란
그녀의 마지막 반짝이는 눈빛을
아련히 떠올리다 쓸쓸히 돌아서는
허무함 같은 것일까!

그리운 그대
오늘도 참으로 눈물 나게 보고 싶어
호수에 비쳐 어른거리는
그대 모습 찾아봅니다

영원을 꿈꾸는 소년

세상은 내게 왜 이럴까!
현실은 너무나 괴롭고 서글퍼져
영원한 나라로 가고파

약을 쥔 손은 떨리고
삶을 체념한 가벼운 경련이 이는
얼굴

"엄마 울지마"
흰 눈 위에 써놓고
영원을 향해 가려던 소년

긴급 시외전화를 받고 달려온
엄마 아빠가
소년의 곁에서 흐느낀다!

병실의 훈훈함에
내뱉는 거친 호흡
하이얀 벽에 꿈이 서린다

링거 주사 바늘이 꽂힌 소년의 팔뚝
오뇌가 서린 얼굴은
미소를 머금으며 신비의 꿈을 꾼다

소년의 곁에서
엄마 아빠가 뜬 눈으로
근심스러워 밤을 지새우며 앉아 있다

링거 주사액이 떨어지는 시간
아직 영원의 신비는 멀었는지
미소를 머금은 얼굴에 부르르 경련이 인다

눈을 뜨려는지
창백한 얼굴에 파란 입술은
무엇을 말하려는지 힘없이 부르르 떤다

아빠가 가까이 다가선다
손을 꼭 쥐고 얼굴을 쓰다듬으니
소년은 힘없이 스스로 눈을 뜬다

"엄마 아빠 여기가 어디야?
아니 엄마는 왜 왔어?"
들릴 듯 말 듯 한, 소리로 아빠께 묻는다

다시 고개를 옆으로 돌린다
소년의 눈에는 그립던 엄마가 보인다
눈물 머금으며 바라고 서 있는 엄마

"엄마, 울었어? 왜 왔어? 가"
돌아 눕는다
눈에는 눈물이 고인다

"엄마, 이제 퇴원해야지"
소년은 천장을 향해 돌아눕고는
스르르 눈을 감는다

차창 미로 속 소녀

등굣길 골목에서 만나는
2-9595
검은색 찦 승용차

차창 속 소녀
마주친 눈
오랫동안 잊지 못했지

다시, 한 번
볼 수 없을까 해서
그 시간에 서성거리곤 했었지

그러나
그 소녀는 영영 볼 수 없었지

샘문시선 1050

샘문뉴스 신춘문예 당선 기념시집

잊힌 꿈을 찾아서

김기홍 서정시집

발행일 _ 2024년 4월 3일
재발행일(2쇄) _ 2024년 5월 25일
발행인 _ 이정록
발행처 _ 도서출판 샘문
저　자 _ 김기홍
감　수 _ 이정록
기　획 _ 박훈식
편집디자인 _ 신순옥, 한가을
인　쇄 _ 도서출판 샘문
주　소 _ 서울특별시 중랑구 동일로 101길 56, 3층(면목동, 삼포빌딩)
전화번호 _ 02-491-0060 / 02-491-0096
팩스번호 _ 02-491-0040
이메일 _ rok9539@daum.net / saemteonews@naver.com
홈페이지 _ www.saemmoon.co.kr (사단법인 문학그룹샘문)
　　　　　 www.saemmoonnews.co.kr (샘문뉴스)
출판사등록 _ 제2019-26호
사업자등록증 등록 _ 113-82-76122(사단법인 도서출판 샘문)
　　　　　　　　　 667-8200401(사단법인 문학그룹 샘문)
　　　　　　　　　 104-82-66182(사단법인 샘문학)
　　　　　　　　　 501-82-70801(사단법인 샘문뉴스)
　　　　　　　　　 116-81-94326(주식회사 한국문학)
샘문사이버교육원 (온라인 원격)-교육부인가 공식교육기관 _ 제320193122호
샘문평생교육원 (오프라인)-교육부인가 공식교육기관 _ 제320203133호
샘문뉴스 등록번호 _ 서울, 아52256
ISBN _ 979-11-91111-66-8

본 시집의 구성은 작가의 의도에 따랐습니다.
이 책의 저작권은 저자와 도서출판 샘문에 있습니다.
무단 전재 및 표절, 복제를 금합니다.

파손된 책은 구입처에서 교환해 드립니다.
본지는 한국간행물 윤리위원회 윤리강령 및 실천요강을 준수합니다.

문집 출간 안내

도서출판 샘문 에서는

베스트셀러 명품브랜드 〈샘문시선〉에서는 각종 시집, 시조집, 수필집, 동시집, 동화집, 소설집, 평론집, 칼럼집, 꽁트집, 수상록, 시화집, 도록, 이론서, 자서전 등 문집을 만들어 드립니다.

도서출판 샘문에서는 저자님의 소중한 작품집이 많은 독자님들에게 노출되고 검색되고 구매하여 읽히고 감상할 수 있도록 그 전 과정을 기획, 교정, 교열, 퇴고, 윤문(첨삭,감수), 디자인, 편집, 인쇄, 제본, 서점 등록(납품,유통), 언론홍보, SNS홍보 등, 출판부터 발매 까지의 전략을 함께해 드립니다.

📖 출판정보

샘문시선은 도서출판비를 30% 인하 하였습니다. 국제원자재값 폭등으로 인하여 문집 원자재인 종이값 등이 3번에 걸쳐 43% 상승하였으나 이를 반영하지 않았습니다.

- 📢 저자가 필요한 수량만큼 드리고 나머지는 서점 유통
- 📢 시집 표지는 최고급으로 제작함 - 500부 이상
- 📢 제목은 저자 요청시 금박, 은박, 에폭시로도 제작함
- 📢 면지는 앞뒤 4장, 또는 칼라 첨지로 구성해드림
- 📢 본문은 100g 미색 최고급지 사용함(눈 보안용지, 탈색방지)
- 📢 본문 200페이지 이상은 80g 사용
- 📢 저서봉투 - 고급봉투 인쇄 무료 제공
- 📢 출간된 책 광고(본 협회 => 홈페이지, 샘문뉴스, 내외뉴스, 페이스북 13개그룹(독자& 회원 10만명), 카페 3개, 블로그 2개, 카톡단톡방 12개, 유튜브, 카카오스토리, 인스타그램, 문예지 4개, 문학신문 등)
- 📢 견적 ▷ 인세 계약서 작성 ▷ 기획 ▷ 감수 ▷ 편집 ▷ 재감수 ▷ 재편집 ▷ 인쇄 ▷ 제본 ▷ 택배 ▷ 서점 13개업체 납품 ▷ 저자에게 납품 ▷ 유통 ▷ 홍보 ▷ 판매 ▷ 인세지급
- 📢 출판기념회는 저자 요청시 본사 문화센터(대강의실) 무료 대여 가능(70명 수용가능) 현수막, 배너, 무대 조명, 마이크, 음향, 디지털 빔, 노트북, 줌시스템, 모니터, 컴퓨터, 석수, 커피, 차, 무료 제공
- 📢 저자 요청시 저자의 작품 전국대회에서 수상한 시낭송가가 낭송하여 유튜브 동영상 제작 => 출판기념식 및 시담 라이브 방송
- 📢 저자 요청시 네이버 생방송 출판기념회 가능(유튜브 연동) - 네이버 라이브 커머스쇼
- 📢 뒷 표지에 QR코드 삽입가능 - 저자의 작품 시낭송 유튜브 동영상 등(요청시)
- 📢 교정, 교열, 감수, 윤필(첨삭감수), 평설, 서문 등(유명한 시인, 수필가, 소설가, 문학평론가, 항시 대기)

문집 출간 안내

📖 빅뉴스

이정록 시인의 〈산책로에서 만난 사랑〉이 네이버 선정 베스트셀러로 선정 된 이후 〈내가 꽃을 사랑하는 이유〉, 〈양눈박이 올프〉, 〈꽃이 바람에게〉, 〈바람의 애인, 꽃〉시집이 연속 교보문고 베스트셀러에 선정 되고 5권 전부 출간 순서대로 골든존에 등극하였다. 평생 한 번도 어렵다는 자리를 이정록 시인은 5년 동안 5번에 오르고 현재도 이번 2022년 5월경에 출간된 [바람의 애인, 꽃] 영문판과 [담양장날]이 출간을 기다리고 있다

〈서창원 시인, 2회〉, 〈강성화 시인〉, 〈박동희 시인〉, 〈김영운 시인〉, 〈남미숙 시인〉, 〈최성학 시인〉, 〈이수달 시인〉, 〈김춘자 시인〉, 〈이종식 시인〉 외 한용운문학상 수상 시인인 〈서창원 수필가〉, 〈정세일 시인〉, 〈김현미 시인〉가 올랐고, 2022년 올 봄에는 〈정완식 소설가〉 『바람의 제국』 이 소설집으로는 최초로 『네이버 선정 베스트셀러』 반열에 올랐고, 〈이동춘 시인〉에 『춘녀의 마법』 시집이 『네이버 선정 베스트셀러』 반열에 올랐다. 그리고 컨버전스공동시선집과 한용운공동 시선집도 간간히 베스트셀러를 하고 있는 〈베스트셀러 명품브랜드〉 『샘문시선』 이다

〈샘문시선〉은 〈베스트셀러_명품브랜드〉로서 고객님들의 〈평생가치를 지향〉하는 〈프리미엄 브랜드〉입니다. 고객이신 문인 및 독자 여러분, 단체, 기관, 학교, 기업, 기타 고객분들을 〈평생 고객〉으로 모시겠습니다. 많은 사랑 부탁드립니다

📖 샘문특전

📣 교보문고, 영풍문고, 인터파크, 알라딘, 예스24시, 11번가, Gs Shop, 쿠팡, 위메프, G마켓, 옥션, 하프클럽, 샘문쇼핑몰, 네이버 책, 네이버쇼핑몰, 네이버 샘문스토어 등 주요 오프라인 서점, 온라인 서점, 오픈마켓 서점에서 공급 및 유통하고 있습니다.

📣 기획, 교정, 편집, 디자인에 최고의 시인 및 작가, 편집가, 디자이너, 평론가, 리라이팅(첨삭 감수) 및 감수 전문가들이 참여하여 감성, 심상이 살아 있는 시집, 수필집, 소설집, 등 각종 도서를 만들어 드립니다.

📣 인쇄, 제본, 용지를 품질 좋은 우수한 것만 사용합니다.

📣 당 출판사 〈한용운공동시선집〉, 〈컨버전스공동시선집〉과 〈한국문학공동시선집〉, 〈샘문시선집〉을 자사 신문인 (샘문뉴스)와 제휴 신문인(내외신문), 글로벌뉴스와 홈페이지(2군데), 샘문쇼핑몰, 네이버 샘문스토어, 페이스북, 밴드, 카페, 블로그를 합쳐서 10만명의 회원들이 활동하는 SNS 20개 그룹 공개 지면 및 공개 공간을 통해 홍보해 드립니다.

📣 당 출판사를 통해 국립중앙도서관 및 국회도서관 및 전국 도서관에 납본하여 영구적으로 보존해 드립니다.

📣 당 문학그룹 연회비 납부 회원은 30만원 상당에 〈표지용 작품〉을 제공 받습니다.